Walter Wanner

DU

Wie finde ich den richtigen Partner?

BRUNNEN VERLAG · GIESSEN/BASEL

Bücher, die dieses Zeichen tragen, wollen die Botschaft von Jesus Christus in unserer Zeit glaubhaft bezeugen.

Das ABCteam-Programm umfaßt:

- ABCteam-Taschenbücher
- ABCteam-Paperbacks mit den Sonderreihen:
  Glauben und Denken (G + D) und Werkbücher (W)
- ABCteam-Jugendbücher (J)
- ABCteam-Geschenkbände

ABCteam-Bücher erscheinen in folgenden Verlagen:
Aussaat Verlag Wuppertal/R. Brockhaus Verlag Wuppertal
Brunnen Verlag Gießen/Bundes Verlag Witten
Christliches Verlagshaus Stuttgart/Oncken Verlag Wuppertal
Schriftenmissions-Verlag Gladbeck

ABCteam-Bücher kann jede Buchhandlung besorgen.

Sonderdruck aus „Das Leben meistern",
ABCteam Band 205. Brunnen Verlag

Umschlag: Gerhard Fries, Wetzlar
© 1980 by Brunnen Verlag, Gießen
Satz: IBV Lichtsatz KG, Berlin
Herstellung: St.-Johannis-Druckerei, Lahr
ISBN 3 7655 3097 2

Du

Wer keine Freundin oder keinen Freund hat, kommt sich heute komisch vor, nicht okay oder gar pervers. Er verzweifelt an sich selbst und an allem in der Welt: Bin ich überhaupt liebesfähig? Und wenn schon, dann aber bestimmt nicht liebenswert. Oder bin ich durch meine Herkunft, meine Erziehung, durch den Mangel oder das Zuviel an Erfahrung auf diesem Gebiet vorbelastet? Woher kommen meine Komplexe? Warum habe ich solche Schwierigkeiten und Hemmungen? Warum werde ich mit dem Leben nicht fertig? Oder bin ich altmodisch, wie man mir einzureden versucht, falsch orientiert, falsch programmiert? So fragt sich mancher verzweifelt.

Wo liegen die Ursachen, die zu der Unfähigkeit führen, Kontakte zu finden, Beziehungen aufzubauen oder zu gestalten.

Es liegt so viel Tragik in den Beziehungen zwischen den Liebenden! Zur Unerfahrenheit, dem Unwissen und der Wertunsicherheit treten die anderen zerstörerischen Kräfte des Zeitgeistes hinzu: Der Druck der Gesellschaft, der Zwang und die Verführung zur Anpassung an das, was „man" heute normal und modern findet.

Doch wer jemals zur Quelle des Glücks gelangen wollte, mußte noch zu allen Zeiten gegen den Strom schwimmen. Dies gilt besonders für das Glück der Liebenden. Doch woran soll sich der junge Mensch orientieren? Welche Maßstäbe sind gültig? Wie kann er die Wegmarkierungen zum Glück finden und vor allem unterscheiden von den Verlockungen der vielen Verführer? Wie kommt man aus dem Sog der zerstörerischen Selbstliebe heraus? Sie ist und bleibt das stärkste Hindernis auf dem Weg zum Du.

Dieses Buch ermutigt dazu, gängige Auffassungen und allgemeine Praktiken zu hinterfragen. Es will dem Leser helfen, mit sich selbst ins reine zu kommen, und aus der Erfahrung heraus Hilfe und Wegweisung zum Finden des richtigen Partners und zum Reifen in echter, glücklicher Partnerschaft geben.

Wie finde ich den richtigen Partner?

„Ich aber weiß, daß ich aus Sehnsucht bin...", bekennt der Dichter Rainer Maria Rilke.

Doch das Sehnen nach dem Du beruhe auf einem sozio-physiologischen Irrtum, einem Fehler der Natur, sagen uns Wissenschaftler. Und sie fahren fort: Liebe sei eine Leidenschaft, die auf eine Fehlinterpretation von Erregungszuständen zurückzuführen ist. Doch was ist mit dieser „Analyse" eigentlich ausgesagt? Was kann man mit diesem „Ergebnis" anfangen?

Diese Aussagen bestätigen nur, daß man das große Geheimnis der Liebe, das Sehnen nach dem geliebten Du, nicht einmal beschreiben, geschweige denn erklären kann. Wer Zuneigung, Freundschaft, Liebe – aber auch Glaube und Hoffnung – analysieren will, kann sie nur zerstören, niemals dann aber erleben, erfahren, vollziehen.

Doch wer auf der Suche nach dem Du die ersten Schritte wagt und wer das Geheimnis der Liebe in der Begegnung erahnt und erlebt hat, der kann nur stammeln, in Versen davon sprechen oder in Briefen und Tagebüchern davon schwärmen.

Eine Liebende schreibt ihrer Freundin:

„Du ahnst kaum, was mir Deine Freundschaft bedeutet. Mehr als ich auszudrücken imstande bin. Oft glaubte ich, auf eine Ehe verzichten zu können, so wunderbar harmonisch war und ist unsere Beziehung. Zum ersten Mal habe ich es erlebt, daß ich vor einem anderen Menschen keine Angst haben muß. Es wurde uns beiden geschenkt, daß alles Fremde überwunden wurde. Wir verstehen uns gut, und das soll so bleiben; ich wünsche es von Herzen!

Doch nun ist etwas geschehen, was tief in mir verborgen doch nach Erfüllung drängte und gewiß auch in Dir sehnsüchtig auf Erfüllung wartet. Ein ‚Er' ist in mein Leben eingetreten. Ich darf Dir das, nein, ich muß es Dir mitteilen. Dieses Du hat mich angenommen, so wie ich bin. Unbegreiflich schön ist das. Und dieses Du hat so viel in mir geweckt, was ich zuvor nicht kannte. Es hat meine Tiefe erschlossen und mich verwandelt.

Dir danke ich von Herzen für alles, was Du mir gabst und noch immer gibst. Du gabst mir mehr, als ich jemals erhoffte. Vor allem gabst Du mich mir selbst zurück. Dadurch kann ich auch weiterhin etwas für Dich sein. Ich bitte Dich um Deine Freundschaft und will Dir selbst Freundin sein und bleiben…"

Ob die Begegnung mit dem andersgeschlechtlichen Du die bisherige Freundschaft auf die Dauer erträgt, das ist die noch nicht zu beantwortende Frage. Es ist möglich, aber keinesfalls sicher. Eines steht jedoch fest: Die Schreiberin dieses Briefes hat bereits einen langen Weg der Reifung hinter sich. Die bisherige freundschaftliche Beziehung zu ihrer Freundin hat ihr dabei geholfen. Sie hat das Warten gelernt, ohne dabei bitter zu werden. Und sie hat sich nicht einfach an einen Mann gehängt, um die Suche nach dem Du zu beenden.

Ob sie wohl ahnt, daß sie gerade durch diese Freundschaft die Reife gewonnen hat, die sie befähigt, dem Liebenden ebenso das sehnsüchtig erwartete Du zu sein und immer mehr zu werden? Wird sie auch dem männlichen Partner gegenüber sagen können: Ich will dich dir selbst zurückgeben, damit du etwas für mich sein kannst?

Buchstabiert hat sie das auf jeden Fall schon einmal in der freundschaftlichen Beziehung.

Nicht jeder kommt über diese Station und so geradlinig zu seinem Lebensgefährten. Für die meisten jungen Menschen nimmt die Suche nach dem Du abenteuerliche Züge an. Für viele geht es nicht ohne Leiden, ohne tiefgreifende Erschütterungen und Enttäuschungen ab. Nicht wenige scheitern. Und doch bewegt den Menschen nichts so sehr als die brennende Sehnsucht nach dem geliebten Du.

Wie finden wir unser Du?

Worin liegen die Ursachen für die Problematik des Suchens und Findens?

Was macht das Suchen so unvergleichbar lustvoll?

Welches sind die Voraussetzungen für das Finden des Du und eine erfüllte Lebensgemeinschaft?

Irgendwann entdeckt der junge Mensch, daß es nicht gut ist, allein zu sein. Es ist die uralte Entdeckung und Erfahrung: Wir sind auf ein Du angelegt. Unser ganzes Wesen fiebert diesem einen Menschen entgegen.

Die Bibel, Gottes Wort, trägt diesem Tatbestand nicht nur Rechnung, sondern begründet das Angelegtsein auf das Du mit dem Schöpferwillen Gottes: „Es ist nicht gut, daß der Mensch allein sei; ich will ihm eine Gehilfin machen, die um ihn sei!" (1. Mose 2,18.) Und weiter: „Darum wird ein Mann Vater und Mutter verlassen und an seiner Frau hangen, und sie werden ein Fleisch sein." (V. 24.)

Hinter diesem Schöpferwillen aber steht Gottes Liebe. Sie ist der eigentliche Grund des Geheimnisses, daß zwei Menschen sich in einer beglückenden ganzheitlichen Gemeinschaft beschenken und entfalten.

Wir tragen eine Sehnsucht nach der Ganzheit, nach einem größeren Selbst und nach der Einheit mit einem geliebten Du in uns, solange wir leben. Diese Bestimmung des Menschen wird tausendfach umschrieben, gedeutet, besungen und vielfältig dargestellt. Liebe heißt das Zauberwort.

Zunächst kann der junge, heranwachsende Mensch noch wenig damit anfangen. Er ist in der Eigenliebe gefangen. Das narzißtische Stadium dauert bis in die Reifezeit, in die Pubertät, hinein an. Viele finden aus diesem Verliebtsein in sich selbst überhaupt nicht mehr heraus, selbst in einer Ehe nicht.

Normalerweise tritt mit dem Einbruch der Pubertät der andere Mensch ins Bewußtsein, der andersgeschlechtliche Partner wird zunehmend begehrenswert. Der Knabe interessiert sich plötzlich für das Mädchen, die ersten Blicke werden ausgetauscht, schüchterne Worte gewechselt. Man weiß noch nicht viel miteinander anzufangen, doch das große positive Abenteuer hat begonnen, der Weg zum Du ist beschritten.

Viele ahnen es: Vielleicht ist das Abenteuer der Liebe das allerletzte, das heute noch möglich ist. Es gibt nur noch wenige „weiße Flecke" auf unserem Planeten. Die Träume von atemberaubenden Expeditionen in geheimnisvolle Länder sind ausgeträumt. Überall finden wir bereits den Menschen vor, der alles vermarktet und die Natur vergewaltigt. „Privat" steht an den Zäunen längs der Seen, und selbst auf die entlegensten Gipfel führen Seilbahnen und geben die Berge dem touristischen Rummel preis.

Das große Abenteuer der Liebe aber kann ein ganzes Leben ausfüllen. Es wird nur noch durch das größere Wagnis der Nachfolge Jesu übertroffen. Die Nachfolge

Jesu, die wir gemeinsam mit dem geliebten Du wagen, erleben und gestalten, ist das spannendste und erfüllendste Abenteuer überhaupt. Zunächst weiß das der Jugendliche kaum. Diese einmalige Synthese kennt er noch nicht. Nur wenige finden den Weg zum Lebenspartner über eine Gemeinschaft von Jugendlichen, die sich schon früh in die Nachfolge Jesu einübt. Ein Jammer, denn die Freundschaft oder der Jugendkreis oder beide zusammen sind die besten Voraussetzungen für das Finden des Du.

Es gibt auch keine bessere Basis für den Aufbau des gemeinsamen Lebens als die gemeinsame Tätigkeit, das gleiche Interesse, das gemeinsame Erleben und das gemeinsame Wachsen im Glauben. Wer so das geliebte Du sucht und findet, der hat nicht nur viele Gefahrenmomente von vornherein ausgeschaltet, sondern der hat wichtige Bausteine geschaffen wie: Vertrauensfähigkeit, Ehrfurcht vor dem Anderssein, Einfühlungsvermögen, Toleranz und viele andere Werte.

In Abwandlung des bekannten Wortes von Nietzsche: „Nicht nur fort sollst du dich pflanzen, sondern hinauf! Dazu helfe dir der Garten der Ehe!" könnte man sagen: „Nicht herumprobieren sollst du, denn nicht in der Befriedigung deiner Bedürfnisse findest du Erfüllung, sondern in der echten hingabefähigen Gemeinschaft, der großen Liebe in der Ehe. Dazu helfe dir die Jugendarbeit und die Freundschaft."

Das Miteinanderleben in einem Jugendkreis bietet freilich auch noch nicht die letzten Voraussetzungen, sondern mehr noch das gemeinsame Engagement im Bereich der Jugendarbeit oder der Gemeinde.

Wie verläuft das Zusammenfinden zweier Menschen, auf welche Weise und auf welchen Wegen kommen sie zusammen?

Der Einbruch der Pubertät bewirkt bei Mädchen wie bei Jungen eine allgemeine Verunsicherung des Gefühlslebens. Der junge Mensch versteht die Vorgänge des Umbruchs kaum, und noch weniger versteht er sich selbst. Er verspürt deutlich das Isoliertsein von der Umwelt, und er leidet unter der Einsamkeit und dem Nichtverstandenwerden. Das Leistungsprinzip und das Drängen der Triebkräfte machen ihm zu schaffen.

Der stärkste Einfluß geht vom Lust-Unlustprinzip aus, das den Jugendlichen zunächst total beherrscht und über das er Herr werden muß, um in unserer Gesellschaftsordnung leben zu können. Dieses Prinzip entspricht einem ganz einfachen Gesetz: Alles, was Lustgefühle hervorruft und sie befriedigt, ist angenehm, befreiend und deshalb begehrt. Was nun keine Lust einbringt, Entspannung verhindert oder sogar das Gegenteil bewirkt, das wird als lästig empfunden und deshalb abgelehnt oder verdrängt.

Gegen das Lustprinzip und das Verlangen nach Befriedigung stehen oft Gebote, Verbote, Regeln, Sitten, Vernunft, Leistungsanforderungen – und das eigene Gewissen. Somit ist der Konflikt vorgegeben. Erst im Verlauf der Reifezeit lernt der junge Mensch, mit seinen Trieben umzugehen, sie zu steuern und auf die rechten Ziele auszurichten – oder sie abzuweisen und zu sublimieren.

Mädchen werden sich beim Beginn der Pubertät ihres Wertes und ihrer Andersartigkeit bewußt. Voll Stolz reagieren viele abweisend auf die Annäherungsversuche von Jungen. Mehr Interesse bringen sie gegenüber reiferen Jugendlichen und Erwachsenen auf. Dieses Interesse kann jedoch auch wieder rasch verfliegen. Heimlich freilich träumt jedes Mädchen von dem Idealpartner, einem Wunschbild, das sich über die Wirklichkeit geschoben hat.

Dieses Verhalten ist nicht für alle Mädchen typisch. Man spricht besser von einigen sich wiederholenden oder von ähnlichen Zügen. Dennoch steht der junge Mann, der sich zögernd dem anderen Geschlecht nähert, oft vor Rätseln, die er auch beim besten Willen nicht lösen kann. Er empfindet den Widerspruch im Verhalten der Umwelt ihm gegenüber rätselhaft, das einmal Hingabe signalisiert und dann wieder durch starke Zurückhaltung gekennzeichnet ist. Er vergißt dabei, daß er selbst noch disharmonisch und oft gespalten ist. Erst die Ausreifung in den späteren Entwicklungsjahren verhilft zur harmonischen Entfaltung der Persönlichkeit, zum Erkennen des richtigen Maßes und der ausgewogenen Form.

Auch der junge Mann ahnt und ängstigt sich zugleich wie das Mädchen, daß ihm im anderen Geschlecht eine völlig neue Welt begegnet. Die Ängste des jungen Mannes beziehen sich auch auf die eigene Geschlechtlichkeit, auf das Drängen des Sexualtriebes. Das Mädchen wiederum kennt diese Angst weniger, es sei denn, daß die Triebhaftigkeit durch verfrühte Erlebnisse vorzeitig geweckt und gesteigert wurde. Zu dieser Triebangst gesellen sich dann Schuldgefühle und schließlich Angst vor dem anderen Geschlecht. Normalerweise aber kennt das Mädchen die starken Triebspannungen, die nach rascher Entspannung und Befriedigung drängen, nicht in dem Maße, wie das beim jungen Mann der Fall ist.

Die kurzen „Probeverhältnisse", die mit dem Ausdruck Freundschaft einen Glanz zugesprochen bekommen, den sie meistens nicht verdient haben, sind für das Mädchen problematisch. Dies wird schon im Sprachgebrauch der Meinungsmacher unter der Männerwelt deutlich, die vom „Herumkriegen" oder vom „Umlegen" sprechen. Dabei meinen sie das egoistische Triebverlangen und die Lustbefriedigung, die sich auf den Orgasmus beziehen.

Mädchen, die noch unberührt sind – es gibt solche trotz anderslautender Umfrageergebnisse – und die auf die echte Begegnung mit dem geliebten Du warten, ersehnen sich den Partner, der bei ihnen bleibt und sie nicht nach Lust und Laune verläßt. Für sie ist die Herzensneigung entscheidend, die vom Gefühl der Sicherheit und der uneingeschränkten Hingabebereitschaft ohne jegliche Form der Gewaltsamkeit getragen wird.

Der Mensch ist auf ganzheitliche Liebe, auf eine ganzheitliche Begegnung und Lebensgestaltung angelegt. Nur in dieser umgreifenden Liebe werden und bleiben wir Mensch. Das Mädchen ahnt dieses Geheimnis viel stärker als der junge Mann. Deshalb kann das schöpfungsgemäße und naturgegebene Verhalten der jungen Frau wie eine Bremse auf das stürmische und triebhafte Drängen des Mannes wirken. Und das soll so sein. In diesem Zusammenspiel der Kräfte liegen die großen Möglichkeiten eines glücklichen Liebeslebens.

An die Adresse des jungen Mannes gerichtet heißt das: Das Mädchen deiner Wahl benötigt Zeit zum Reifen und Entfalten des Vertrauens dir gegenüber. Du mußt ihm Zeit lassen und dich in Geduld üben, damit Liebe erblühen kann, wie das auch in der Natur geschieht. Echte Liebe kann nur zusammen mit dem Vertrauen reifen. Hingabe im ganzheitlichen Sinne ist anders nicht möglich. Der sexuelle Akt wird sonst isoliert, im besten Falle rauschhaft erlebt und damit verdinglicht und zur bloßen Technik der Entladung herabgewürdigt.

In diesem Zusammenhang muß das bekannte Wort des Dichters und Fliegers Exupéry zitiert werden: „Wir bleiben Zeit unseres Lebens verantwortlich für das, was wir uns vertraut gemacht haben."

Dieses Vertrautmachen geschieht am allerstärksten in der intimen Begegnung, im körperlich-seelisch-geistigen Einswerden zweier sich liebender Menschen.

Der heutige Trend

Die zunehmend um sich greifende Auffassung geht dahin, daß man nach der Devise: „Das kann man doch keinem jungen Menschen zumuten...", den „freien", vorehelichen Sexualverkehr als zulässig und sinnvoll anpreist.

Dem verwöhnten Menschen unserer Zeit, der keine Selbstbegrenzung, keinen Verzicht um des anderen Menschen willen mehr kennt, geht dieses Gerede leicht ins Ohr. Man will den Abbau des sogenannten Über-Ich, der überkommenen Normen, Gesetze, Ideale, Erziehungsziele und Werte, und propagiert das Ausleben der Triebe. Eine scheinbare Befreiung soll den jungen Menschen dazu stimulieren, alles das zu tun, was ihm gefällt und was andere in ihn hineinprojizieren oder ihm übertragen an Wünschen, Sehnsüchten und Süchten jeglicher Art.

Es ist tatsächlich die Frage: Wann ist der heutige Mensch wirklich er selber und nicht das, was die Meinungsmacher der Gruppe, der er angehört, oder der Zeitgeist schlechthin aus ihm machen?

Es geschieht immer häufiger, daß auch junge Christen der Versuchung zum Zusammenwohnen beim Studium erliegen. „Es bringt ja augenscheinlich so viel Erleichterungen, wenn wir zusammen eine Wohnung bewohnen, die Pflichten teilen und die angenehmen Seiten des Lebens gemeinsam genießen", argumentieren sie.

Es beginnt bereits bei der Planung und Durchführung von gemeinsamen Ausflügen oder Ferienfahrten. Man bucht nur ein einziges Zimmer oder schläft miteinander im gleichen Zelt. Was dann im weiteren geschieht, braucht nicht genannt zu werden. Und warum, so sagen die meisten, soll das geändert werden? Hauptsache, wir lieben uns; alles andere ist egal. Auf die standesamtliche Trauung können wir verzichten.

Genauso leichtfertig wird weiter argumentiert: Eine lebenslängliche Ehe kommt einem Gefängnis gleich. Junge Männer entschuldigen sich damit, daß sie auf die angeblich größere sexuelle Variationsbreite des Mannes hinweisen. Ihre Triebhaftigkeit diktiert die Aussage: Darum benötigt der Mann neben seiner Frau noch andere Sexualpartnerinnen, um Entspannung und Erfüllung zu finden.

Die Tragödie beginnt mindestens zu dem Zeitpunkt, an dem diese enthemmenden Parolen vom Bewußtsein aufgenommen werden und ins Unbewußte eindringen. Der wahre Mensch stirbt, auf daß das Tier in ihm lebe, könnte man dazu sagen.

Die Konsequenzen solchen Denkens und Verhaltens sind weithin sichtbar und wirksam. Man lebt zusammen, ohne sich überhaupt binden zu wollen. Kinder wachsen „frei" heran, ebenfalls ohne Verbindlichkeit und oft zung hat. Ist sie vorhanden, dann ist die intime Hingabe kein Problem mehr, sondern fällt wie eine reife Frucht beiden Liebenden zu.

Das Herumprobieren ist nichts anderes, als der Verzicht auf die Sublimierung des Triebes, die ja gerade erst jene ganzheitliche Liebe ermöglicht. Allerdings setzt sich die ganzheitliche Liebe nicht nur aus Sexus plus sublimiertem Sexus, also Eros, und geistiger Liebe zusammen, sondern sie benötigt die Agape, jene opferbereite, göttliche Liebe, die Frucht des Heiligen Geistes, die selbst nicht auf dem Resultat der Sublimierung beruht (vgl. 1. Kor. 13). Hohe Ideale und Forderungen der Heiligen Schrift wie Reinheit oder Keuschheit werden kaum noch als Maßstäbe, geschweige denn als göttliche Gebote erkannt und angenommen. Was Reinheit oder Keuschheit bedeuten, das will der sich autonom dünkende Zeitgenosse selbst bestimmen.

Betroffen stand ein Berufsschüler in der Pause vor dem Lehrertisch, sah sich scheu um und bat dann um ein diskretes Gespräch. Er wagte nicht, seine Zustimmung zur biblischen Forderung nach Reinheit (Matth. 5,8) öffentlich abzugeben. Als alle anderen Schüler den Raum verlassen hatten, berichtete er:

„Am meisten schockieren mich die Bekenntnisse älterer Berufskollegen im Betrieb, die ganz offen davon sprechen, daß sie im intimen Verkehr nichts anderes tun, als sich selbst zu befriedigen, wie sie das auch vor ihrer Ehe oder dem eheähnlichen Verhältnis getan haben. Wenn ich die jüngeren Kollegen anspreche, dann sagen sie: ‚Ich will nur einen abziehen, alles andere ist mir egal…' Sie wollen also nichts anderes als die Steigerung der Geschlechtslust und die Auslösung des Orgasmus wie beim Onanieren…"

Wir sprachen noch lange über das Glück der Liebenden in der ehelichen Gemeinschaft. Dabei sagte mir der Schüler das bekannte Wort von Walter Flex, das ihm sein Jugendleiter mit auf den Weg gegeben hatte:

„Reifwerden und Reinbleiben ist höchste und schwerste Lebenskunst." Und ich antwortete ihm mit einem Wort von Romano Guardini: „Wahre Reinheit steht nicht am Anfang, sondern am Ende. Erst in langem schweren Kampf wird sie gewonnen!" Über die biblischen Aussagen hatten wir im Verlauf des Unterrichts schon gesprochen.

Doch wer bejaht heute den Kampf, das ganz persönliche Ringen auch nur in irgendeiner Form? Die Parolen lauten: Den Trieb meistern? Nein, ausleben ist Trumpf! – Sei weich gegen dich selbst und hart gegen andere! – Ich habe ein Recht auf meine Sexualität, und was ich damit mache, geht niemand etwas an.

Dabei setzt sich der so handelnde Mensch über biblische Gebote, Gesetze, Ordnungen, Regeln und Werte hinweg, die zum Schutz der Gemeinschaft und seiner selbst bestehen. Er jagt der Utopie nach schrankenloser Freiheit nach und setzt sich und seine Sexualität absolut.

Genau dies aber ist eine totale Fehleinstellung, die von Gottes Wort aufgedeckt wird. Die menschliche Vergötzung der Sexualität, wie auch ihre Verdinglichung und damit ihre Herabsetzung, führt den Menschen statt zum begehrten Glück in sein Unglück. Und dieses möchte die Bibel vermeiden.

Es geht Gott um die rechte Einordnung seiner Gabe, der Geschlechtlichkeit, in die Bezugsfelder von Leib, Seele und Geist. Die Isolierung des Sexualtriebes, seine Versachlichung wie auch seine Verabsolutierung, versklavt den Menschen an die biologischen Gesetze, speziell den Zwang zum Orgasmus. Wenn aber der Orgasmus, jener Höhepunkt der sexuellen Lust, der das Erlöschen des Bewußtseins bewirkt, das Ziel und die einzige Anwendungsform der Sexualität ist, dann wird jede andere Form der Sexualbewältigung und der Benutzung dieser Gabe fragwürdig.

Bei vielen Menschen wird der sexuelle Erfolg neben den wirtschaftlichen gestellt. Dazu ist dann jedes Mittel, jede Gelegenheit und jede Form der Ausübung recht.

Eine andere Gefahr ist die, daß junge Menschen, die ihre Sexualität mit dem Partner „erproben" wollen, auf dieser Stufe verbleiben, wenn sie nicht zur richtigen, biblischen Wertung der Sexualität kommen. Gerade Pubertierende sind noch nicht für die ganzheitliche Liebe, speziell für die seelische Beziehung gereift. Sexus und Eros sind – wie der bekannte Jugendpsychologe Eduard Spranger nachgewiesen hat – in dieser Altersphase noch nicht integriert. Die „Erprobung" im vorehelichen Freundschaftsverhältnis, und noch stärker bei flüchtigen Kontakten, beläßt den Experimentierenden in diesem Zustand des Getrenntseins. Er onaniert – wie jener Schüler berichtete – auch in der Zweierbeziehung weiter.

Wie wirken sich sexuelle Experimente auf den anderen aus?

Wir müssen voraussetzen, daß der Jugendliche, besonders das Mädchen, zunächst Angst vor dem Sexualakt hat. Dahinter verbergen sich vielerlei Ursachen und Hintergründe.

1. Jedes Mädchen spürt instinktiv, daß es etwas verliert, wenn es sich dem noch wenig vertrauten männli-

chen Partner hingibt. In der Tat verliert es seine Unberührtheit, jenes Geheimnis, das jedes Mädchen in sich trägt und das einmal später in der Ehe enthüllt werden soll und darf.

2. Jeder Mensch hat – wenn auch oft unbewußt – die Empfindung und das Wissen, daß jede Form der Lust den Zwang zum Wiederholen in sich trägt. Im Wiederholungszwang aber liegt die Neigung zur Sucht, die Tendenz zur Abhängigkeit.

3. Eine andere Art der Angst entsteht durch die Gewissenskonflikte. Es sind die Werte der Erziehung, die übernommenen Verhaltensmuster, aber auch die Stimme des Gewissens, das sich am Wort Gottes ausrichtet, die oft zusammenwirken. Wenn es nun zu einer Beziehung kommt, die sich über die Schöpfungsordnung hinwegsetzt, also zur sogenannten „freien Liebe" ohne Willen zur Ehe und zum Kind, dann entsteht Angst, weil das, was nun geschieht, nicht im Einklang mit dem Gewissen und den Erziehungswerten oder dem Wort Gottes steht.

4. Angst entsteht auch vor den Folgen des Geschlechtsverkehrs. Empfängnisverhütung ist nach wie vor eine problematische Angelegenheit. Die Angst vor einer ungewollten Schwangerschaft ist begründet, ebenso die Angst vor den Auswirkungen des Gebrauchs von Verhütungsmitteln.

Weiß der junge Mann von diesen Ängsten seines geliebten Du? Diese werden nicht immer sichtbar oder offen ausgesprochen. Sie deuten sich oft nur in Gesten, in Verstimmungen und durch Gehemmtsein an. Der junge Mann ist meist so sehr von seinem Triebverlangen geblendet, daß er die Not des Du nicht wahrnimmt und unbeachtet läßt.

Welche Auswirkungen haben die Ängste?

Angst ist nicht nur eine vorübergehende, zu überwindende Angelegenheit. Sonst könnte man ja leicht mit dem Gegenargument kommen, daß gerade die „Liebe", gemeint ist der Sexualakt, die Angst auszutreiben vermöge. Angst hat ganz verheerende Auswirkungen gerade dann, wenn sich der junge Mann mit seinem Triebwunsch, seinem Verlangen nach Entladung, durchgesetzt hat. Denn nun kommt es zur bekannten Reaktion der Ausschaltung der Reflex-Apparatur. Die erhofften sinnlichen Glücksgefühle stellen sich beim überrumpelten Gegenüber im unter geringem oder starkem Zwang vollzogenen Sexualverkehr überhaupt nicht ein.

Woher kommt das? Angst wirkt so stark und störend auf die Nervenbahnen ein, daß der Partner im intimen Verkehr nicht zur natürlichen Entspannung kommen kann. Wenn es nun häufig zu solchen mehr oder weniger zwanghaften Praktiken kommt, dann schleifen sich „falsche bedingte Reflexe" ein und prägen die Verhaltensmuster auch bei späteren Gelegenheiten und beim anderen Partner. Diese hemmenden Reflexe funktionieren deshalb weiter, weil sie unbewußt aufgebaut wurden.

Die Folgen sind verschiedener Art. Das zur Frau gewordene Mädchen reagiert unter Umständen fernerhin „geschlechtskalt", wenn ein Mann mit intimen Forderungen auf es zukommt. Die ganzheitliche Liebe kann nicht erlebt und auch nicht geschenkt werden, weil diese „falsch programmierte" Frau aufgrund ihrer früheren Erfahrungen den Geschlechtsakt als lästig empfindet. Sie empfindet Unlust statt Lust bei der körperlichen Annäherung des Mannes.

Der drängende junge Mann, der diese hemmenden

Reflexe aufgebaut hat, wollte ursprünglich nicht „die Katze im Sack kaufen", wie man häufig argumentiert. Nun aber hat er – weil er nicht warten konnte – alles zerstört, was vorher ganz normal angelegt war und zur Blüte und Reife kommen sollte.

Leider haben viele junge Menschen überhaupt keine Ahnung von dem, was in der Seele des geliebten Du vorgeht, weil sie sich und vor allem den anderen nicht genügend kennen. Sie wissen leider auch nicht über die Vorgänge und über die Inhalte im Unbewußten Bescheid. Hier liegen die Hauptgründe für die erschreckend ansteigende Zahl der frühen und späten Ehescheidungen.

Es gibt aber noch andere verheerende Auswirkungen der allzu frühen Sexualpraxis

Mädchen, die zum Beispiel durch verfrühte sexuelle Erlebnisse sinnlich erwachen, entgehen zwar diesem Dilemma der Frigidität (Geschlechtskälte), aber können die Spannungen der „Freundschaft" nicht ertragen. Die Unverbindlichkeit der kurzen Kontakte oder der oberflächlichen Verhältnisse wirken sich dann negativ aus.

Plötzlich verlöscht die „Liebe" wie ein Feuer, das keine Nahrung mehr bekommt oder durch widrige Winde erstickt. Das körperliche Lustverlangen aber unterliegt einem Wiederholungszwang und verführt so zum häufig wechselnden Geschlechtsverkehr. Schon manches junge Mädchen wurde unter diesen Umständen den Zuhältern in die Arme getrieben und beendete seine persönliche Freiheit und seine Liebesfähigkeit im Bordell.

Mindestens aber kann es der Jugendlichen geschehen, daß sie von Hand zu Hand gereicht wird. Jeder spielt mit ihr und preist ihre „clevere" Art, doch keiner will sich binden, denn dazu möchte man dann doch lieber einen Typ, der weniger „abgegriffen" ist. So wird sie dann eines Tages einfach links liegen gelassen. Der „Ausverkauf" der Liebe hatte schon allzu früh begonnen. Nun ist ihr Typ nicht mehr gefragt.

Selbstverständlich ist dieser Weg zum Abgrund nicht unbedingt vorprogrammiert. Eine totale Lebensänderung im Sinne der biblischen Umkehr kann auch hier die Rettung bedeuten. Die Umkehr bringt die Befreiung von den falschen Verhaltensmustern, den bisherigen Zwängen. Gottes Gnade schenkt Vergebung und damit die Befreiung von Schuldgefühlen, aber auch von der tatsächlichen Schuld Ihm und dem Du gegenüber. In der Lebensgemeinschaft mit Jesus Christus werden wir zur ganzheitlichen, echten Liebe befähigt. Bei Gott ist wahrhaft kein Ding unmöglich! (Luk. 1,37.)

Aber muß es denn erst zur Verführung, zur Sünde, zur Entfremdung und zum seelischen Schaden kommen, nur weil die Gaben, die der Schöpfer uns in die Hände gibt, nicht sinnvoll und verantwortungsbewußt als Aufgaben empfangen werden?

Wir sprachen zu Anfang vom großen Abenteuer der Liebe und der Hingabe im Verhältnis vom Ich zum Du. In diesem Abenteuer liegt beides bereit: Das Lebensglück und die Hölle einer unglücklichen Liebe oder Ehe. Mindestens aber liegt in diesem Abenteuer die Möglichkeit der Zerstörung des geliebten Du, das wir eigentlich glücklich machen wollten mit unserer Liebe.

Die große Versuchung

Wir müssen nochmals auf die heute gängige Praxis zurückkommen.

Der Jugendliche wird in der Regel von der „peer-culture" bestimmt. Die Masse der Jugendlichen schwimmt nur gegenüber der Erwachsenenwelt gegen den Strom des bisher Gültigen, der „alten" Sitten, Denkweisen und Verhaltensnormen von „gestern". „Die Alten sind spießig...", heißt das im Jargon der Teenager und Twens. Doch gegenüber den Gleichaltrigen und den Meinungsmachern der „peer-group" verhalten sie sich konform. Sie lassen sich total gleichschalten.

Was verstehen wir nun unter „peer-culture"? Der Begriff „peer" bezeichnet das Sichausrichten an Gleichaltrigen, an dem allgemeinen „Level" der jugendlichen Kultur, die allerdings zum größten Teil von den Erwachsenen, den Managern des Profits, manipuliert wird. Gemeint sind die Interessen, die Lebensauffassung, Weltanschauung – und vor allem die Ansichten über Sex und die Sexpraktiken –, die „in" sind. Gemeint sind damit auch die Rituale wie „dating", „petting" und „going steady".

Unter „dating" versteht man das häufige Treffen der Pubertierenden zum Zweck des „flirting". Man flirtet heute schon mit 12 oder 13 Jahren. Und man muß nach den Regeln und der Erwartung der „peer-group" möglichst viele „dates" haben, um anerkannt zu werden. Man muß überhaupt möglichst total konform gehen, um einen guten Platz auf der Beliebtheitsskala zu erringen.

Unter „petting" versteht man intime Liebkosungen, die den Geschlechtsverkehr und den Orgasmus vorbereiten. Es liegt auf der Hand, daß man schon einen überstarken Willen haben muß, um dabei den Trieb unter Kontrolle halten zu können, wenn man es bei Liebkosungen ohne Orgasmus belassen will. „Petting" ist heute das Signalwort für die Annäherung und das, was dann in der Regel geschieht. Auch in christlichen Kreisen nimmt man diese Form des Verkehrens der Geschlechter hin oder stimmt ihr sogar zu.

Ein weiterer Schritt, den man beinahe als positiv werten kann, weil er unter Umständen sogar zur Ehe führt, ist das „going steady". Es bezeichnet das länger andauernde Verhältnis, die bereits sich festigende Bindung an den Partner, im Gegensatz zu den häufig wechselnden „dates" im Stadium des Probierens und des Experimentierens. Beim „going steady" ist natürlich alles erlaubt, was normalerweise der Ehegemeinschaft vorbehalten bleiben sollte.

Schon unsere Zwölf- bis Dreizehnjährigen geraten meistens in den Sog der Meinungsmacher, der „opinion-leaders", die bestimmen, was ein Teenager anzuziehen hat, wie er sich benehmen soll und was er von seiner Umwelt zu fordern hat. Da wird dann derjenige gefeiert, der sich am stärksten angeglichen hat, die Allüren der „Playboys" und der „Stars" am besten imitiert und der auch mit entsprechenden sexuellen Praktiken aufwarten kann.

Die Symbole der „peer-culture" sind weithin bekannt, zum Beispiel das „crackige" Moped bei den Jüngeren und der „irre" Feuerstuhl bei den Twens. Ebenso die Jeans-Mode, das lässige Gekleidetsein, das Vergammelnlassen des Körpers und der Bekleidung, die Treffs, Parties und die „Disco-Unkultur".

Selbstverständlich liegt in dem Gehabe der „peergroups" ein Stück Protest gegen die Umwelt, die Gesellschaft und die Lebensweise der Erwachsenen, die man so nicht hinnehmen will, die man zum Teil aber bereits imitiert. Der junge Mensch verhält sich in einem extremen Maße zwiespältig, ambivalent, so daß schlimmste Befürchtungen in bezug auf das Werden einer Persönlichkeitsstruktur gehegt werden müssen.

Die jugendliche Subkultur ist so verbreitet, daß nur noch wenige Einzelgänger, die es wagen, gegen den Strom zu schwimmen und dadurch ein alternatives Leben aufbauen, dem Sog dieser Massenhysterie entgehen. Ein düsteres Bild für die Zukunft!

Es war schon immer schwer, dem Trend der Masse zu widerstehen. Heute aber geht es um das Überleben der Einzelpersönlichkeit und die Rettung der privaten Sphäre überhaupt. Es geht um letzte Bastionen der Sitte und der Werte wie Hingabe, Treue, Vertrauen, Wahrhaftigkeit u. a. m.

Vor allem geht es um die Rettung der Sexualität und ihrer schöpfungsgemäßen Bestimmung und Erfüllung, es geht um die Erhaltung der Ehe und die Bewahrung der Liebe.

Wie lange noch müssen wir auf eine positive Gegenbewegung warten? Es ist an der Zeit, daß junge Menschen es wieder wagen, vorbildhaft ein Erhobensein über die Triebe durch die Kraft des Heiligen Geistes in der Nachfolge Jesu weithin sichtbar zu demonstrieren!

Junge Christen sind heute mehr denn jemals zuvor herausgefordert, Signale zu geben, Wegmarkierungen zu errichten und selbst Wegweiser zu sein, damit andere es auch wagen, den Weg zur echten Partnerschaft und zur erfüllenden Liebe zu gehen.

Das Leben der glücklichen Christen muß wie ein lesbarer, lebendiger Brief sein, der suchenden, fragenden und irrenden jungen Menschen zurechthilft (vgl. 2. Kor. 3,3). Die quälenden und brennenden Fragen dieser Generation dürfen nicht unbeantwortet bleiben. Theorien nützen nicht viel. Briefe müssen persönlich sein. Sie müssen verstanden werden können und praktikabel sein, damit sie motivieren und andere in Bewegung setzen.

Die Alternative

Dabei ist das Geheimnis der Sublimierung der sexuellen Energie nur *eine* Weise, *eine* Möglichkeit des Demonstrierens. Doch gerade auf diesem Gebiet kann wertvolle Hilfe geleistet werden, denn Sublimierung der Triebenergien ist nachvollziehbar. Unter bestimmten Voraussetzungen ist das Umformen und Umsetzen von Energie jedem Menschen möglich. Im alltäglichen Leben kommt es ständig zu solchen Prozessen.

Ein bekannter Tiefenpsychologe hat allerdings darauf hingewiesen, daß das Vermögen, die Fähigkeit zum positiven Sublimieren, letzthin auf Gnade beruht. Mit anderen Worten: Niemand hat diesen Vorgang voll in seiner Hand. Wir sind auf andere Kräfte und Wirkungsfaktoren angewiesen, die uns zur Sublimierung anreizen, aufrufen und den Prozeß unterstützen. Die Bezugsfelder, die Zielsetzungen und die Bedingungen, unter denen wir leben und die Kräfte umsetzen, sind von ganz entscheidender Bedeutung. Vor allem hängt die Veredelung und die Indienststellung unserer Kräfte und Gaben von einem Leben ab, das unter der Zucht und unter der Kraft des Heiligen Geistes vollzogen wird.

Was verstehen wir unter Sublimierung?

Man kann die Antwort in eine einfache Formel kleiden: Der Mensch ist herausgefordert, seine Triebkräfte für wichtige Aufgaben zu gebrauchen und sie unter einer ganz bestimmten Zielsetzung dadurch umwandeln zu lassen.

Dies bedeutet freilich den mindestens zeitweiligen Verzicht auf den Orgasmus, den Augenblick höchster Erregung und Lustbefriedigung. Das Leben wird fortan nicht mehr allein dazu benutzt, bei jeder Gelegenheit dem orgiastischen Höhepunkt nachzujagen und alle Register der Lustbefriedigung zu ziehen.

Die geschlechtlichen Energien können anderen Aufgaben und anderen Zielen nutzbar gemacht werden. Auch diese Möglichkeit ist eine Gabe des Schöpfers, der diese Energien nicht nur als Regulativ seelischer Spannungen vorgesehen und als Beruhigungsmittel geschaffen hat, sondern zur Indienststellung (vgl. Röm. 12,1–2).

Auf welche Weise vollzieht sich die Umwandlung der geschlechtlichen Energie?

Dieser Prozeß verläuft etwa folgendermaßen:

1. Der noch ungestillte Trieb wird ins Bewußtsein gehoben. Dies geschieht zunächst durch Bewußtmachung des Triebimpulses und der bestimmten Empfindungen. Triebqualität und Triebziel werden erkannt, registriert. Später geschieht dies spontan und instinktiv.

2. Das Bedürfnis nach Befriedigung und Entladung wird nun auf ein anderes Ziel verschoben und damit eine andere Art von Erfüllung angestrebt bzw. anvisiert. Dieser Vorgang kommt einer „Anhebung", einer Transformation gleich.

3. Der Psychologe Schultz-Hencke versteht unter

Sublimierung die Verschiebung eines Betätigungsbedürfnisses bzw. eines Antriebes auf einen anderen Triebbereich.

Selbstverständlich kommt es dadurch zu Einschränkungen, zu Kanalisierungen und Bahnungen der Triebenergie, die eine willkürliche Entfaltung verhindern. Doch wir erheben auch sonst die Forderung nach der Steuerung und Umformung der Triebe. Wir erwarten, daß sich Kinder und Jugendliche bemühen, ihre Angriffslust zu zähmen, und ihre Aggressionen sinnvoll abbauen durch sportliche Betätigung oder durch Verschiebung auf andere Bereiche und Transformation auf andere Ziele, etwa bei Wettkämpfen aller Art.

Warum soll nicht auch der Sexualtrieb gesteuert, umgewandelt und sinnvoll auf andere Ziele gelenkt werden? Energie geht dabei keineswegs verloren, sondern bleibt erhalten und erfährt durch ihre Bahnung auf ein bestimmtes Ziel sogar eine verstärkte Wirkung.

Die Steuerung und Sublimierung der Triebimpulse kann gerade unter den Voraussetzungen und Bedingungen des Glaubens in der Nachfolge Jesu zu ihrer vollen Wirkung und zum befriedigenden Ergebnis kommen. Wir denken dabei an folgende Bereiche und Tätigkeiten:

Mitarbeit oder leitende, verantwortliche Tätigkeit in der Gemeinde oder in der Gemeinschaftsbewegung, hingabefreudiges Engagement in der Jugendarbeit, aktiver Einsatz im pädagogischen Bereich, hingebende Fürsorge für Notleidende, Behinderte, Ausgestoßene, Kranke, Einsame u. a. m.

Neben der Umwandlung unserer natürlichen Gaben und Kräfte zu Zwecken der Hingabe im sozialen und pädagogischen Bereich gibt es noch viele andere Möglichkeiten der Indienststellung. Das schöpferische Leben ist ja nicht nur auf diese Tätigkeiten beschränkt. Freud behauptete ja bekanntlich, daß Kultur nur dadurch möglich und geschaffen wurde, weil der Mensch es lernte, den Sexualtrieb und den Aggressionstrieb einzuordnen und mit anderen Dingen zu verbinden.

Es muß freilich beachtet werden, daß auch der beste Sublimierungsprozeß und das beste Ergebnis keine Selbsterlösung darstellen kann und darf. Sublimierung vermag uns nicht zu erlösen, aber sie vermag es, den Menschen zu entlasten und zum sinnvollen Tun zu motivieren und zu befähigen.

Weiter muß beachtet werden, daß die Sublimierung der Triebkräfte auch durch ein Stadium der Verneinung des Triebes, seiner Qualität und seiner Triebrichtung geht. Die Bereitschaft zur Umwandlung kommt dem Aufgeben, dem „Sterben" gleich. Es steckt ein Stück Selbstverneinung, eine Bereitschaft zur Auflösung in diesem Vorgang.

Doch die Auflösung der Triebenergie und die Aufhebung des ursprünglichen Zieles bedeuten ja nicht das Endergebnis. Sie entsprechen nur einem Durchgangsstadium, das zu neuen Formen und neuen Qualitäten führt.

Sublimierung geschieht bereits dann, wenn sich ein junger Mensch zum Ziele setzt, seine Sexualkraft und sich selbst sowie seine ganzheitliche Hingabe für einen ganz bestimmten Menschen aufzusparen.

Sublimierung ist eine Möglichkeit des Umgangs mit unserer Sexualität, eine Form der Bewältigung, somit Hilfe für uns selbst, für unsere Selbstfindung, für unser eigenes Glück, das immer gekoppelt sein muß mit dem Glück des anderen. Somit ist sie auch eine Voraussetzung für das Glück der Liebenden und ihre Lebensgemeinschaft.

Auch die nichtsublimierte Sexualität birgt keine Erlösungskräfte in sich. Im Gegenteil: Als unerlöster Mensch kann ich ihr verfallen, mich und den anderen Menschen schädigen und die Gemeinschaft mit ihm zerstören.

„Lieb mich weniger, so liebst du mich recht", kann Max Brod stellvertretend für viele, unter der Sexualität des Partners leidende Menschen sagen.

Sexualität ist aber auch nicht mit Sünde gleichzusetzen. Sünde, das Getrenntsein von Gott, ist eine Gegebenheit, die vor allem anderen schon da ist und die uns selbst und den anderen entfremdet. Durch das Getrenntsein von Gott wird alles negativ. Aus dem Plus wurde Minus, und dieses Minus steht nun als Vorzeichen vor allem, was der Mensch unternimmt und schafft, es sei denn, er handelt aus dem Glauben, aus der Verbundenheit mit Gott und seinem Wort.

Man kann sich daher auch an der eigenen Geschlechtlichkeit, an der Gabe Gottes, versündigen. Wodurch und wie?

1. Die Sexualität wird oft als Mittel der Selbstliebe mißbraucht.

2. Sie wird zur eigenen Vergötzung des Menschen verwendet.

3. Sie kann auch zur Flucht in das Unbewußte benutzt werden.

4. Sie wird oft als Mittel zur Beherrschung und Unterdrückung des anderen mißbraucht.

Dies alles bestätigt nur, daß der ganze Mensch die Erlösung braucht. Alles muß erlöst und wiedergeboren werden.

Was hindert das Suchen und Finden des Du?

Viele junge Menschen fragen sich heute mehr denn je: Bin ich überhaupt zur echten Partnerschaft und zur ganzheitlichen Liebe fähig! Und – wer paßt zu mir?

Die eigene Triebhaftigkeit wird dabei als Hemmnis auf dem Weg zum Du empfunden. Genau gesagt ist es nicht der ursprüngliche Trieb, der ja den Menschen zum Suchen und Finden drängt, sondern die persönliche Triebkonstitution, die entweder hemmt oder wegen ihrer Triebstärke problematisch und dadurch zur Barriere wird.

Ein Beispiel:

Achim (19) kommt zur seelsorgerlichen Aussprache. Sein Hauptleiden besteht darin, daß ihm „alle Frauen davonlaufen", wie er sagt. Es müsse doch etwas von ihm ausgehen, das sich lähmend auf die zarten Liebesregungen lege. Er wisse nicht, was das sein könnte, aber es sei frustrierend, wenn ihm Mädchen nach kurzer Zeit den Laufpaß gäben. So klagt er. Dabei sieht Achim aus wie jene Playboys, denen die Mädchen nur so zufallen. Aber dies steht nicht zur Debatte.

Es sind vor allem zwei Gründe, die seine Bekanntschaften vorzeitig beenden. Einmal ist Achim total verunsichert und selbst noch auf dem Weg der Ich-Findung. Dies kann zunächst sogar anziehend wirken. Doch schließlich möchte ein Mädchen nicht immer die gleichen Töne hören und selbst aus dieser Problematik befreit werden. Der andere Grund ist der, daß – wie eine „Freundin" von Achim aussagt – er „sehr viel auf sexuellem Gebiet verlangt". Sie könne weiter nicht darüber sprechen, meint sie errötend.

Achim flüchtet immer stärker in seine Triebhaftigkeit,

sucht in der Triebbefriedigung Erlösung, statt dem anderen ganzheitliche Liebe und Erfüllung zu schenken. Er kann aber nicht mehr geben, als er hat. So befriedigt er sich nur selbst und läßt die Partnerin in ihren aufgewühlten Gefühlen allein. Die Unreife Achims und das Nichtwartenkönnen zerstören jede begonnene Beziehung. „Die Mädchen blocken ab...", sagt er mutlos und verzweifelt. Er habe deshalb vor, Schluß zu machen. Sein Leben sei wertlos, und deshalb würde er die Konsequenzen ziehen.

Viel Zeit und Geduld sind nötig, bis Achim so weit ist, daß er positive Konsequenzen zieht.

Man kann hinsichtlich der Triebentwicklung, der Triebstärke und den entsprechenden Fehlbahnungen drei Gruppen von Jugendlichen unterscheiden:

1. Es gibt Menschen, deren sexuelle Konstitution schwierig und deren Triebstärke beträchtlich ist. Triebstärke kann Angst hervorrufen. Diese Angst wiederum fixiert den Menschen auf die Triebimpulse und die Triebvorgänge, vor allem auf den starken Druck.

Verdrängte Triebenergie drängt oft auf anderen Wegen zur Entladung. Dabei werden die Dämme des schwachen Willens eingerissen, das gespaltene Ich wird überrumpelt, das angeschlagene Selbstbewußtsein ramponiert, das Gewissen verletzt. Der Wille ist ohnmächtig, die Schuldgefühle dagegen übermächtig. Es kommt zu verstärkten Minderwertigkeitsgefühlen. So entstehen erneut Angst, Depression, Verzweiflung und schließlich Selbstmordabsichten.

Der Teufelskreis ist perfekt, denn nunmehr kommt es zur Auslösung neuer Lustorgien, die wiederum Angst, Schuldgefühle und Minderwertigkeitskomplexe auslösen oder verstärken. Der Zwangsneurose wird somit der Nährboden bereitet.

2. Andere Jugendliche sind zu früh schon sexuell berührt und verführt worden, so daß sie dadurch in bestimmte Bahnen gedrängt wurden. Die Triebimpulse werden nun in verkehrter, perverser Form abreagiert.

Die Art und Weise vor allem des ersten sexuellen Erlebnisses bestimmt die Festlegung auf das sexuelle Lustempfinden. Meistens handelt es sich um gemeinsame Onanie oder um die praktische Anleitung zur Selbstbefriedigung im Sinne der Verführung. Es können auch frühkindliche Erfahrungen in bezug auf Versuche, den Geschlechtsakt zu vollziehen, vorliegen. Hierdurch entstehen angstbesetzte Verhaltensmuster, die zwangsneurotische Züge tragen und zum süchtigen Verhalten verführen können. Verführte versuchen aus ihrer Isolation herauszukommen, indem sie sich in derselben Weise an anderen vergehen, in der sie selbst verführt wurden.

3. Eine andere Barriere auf dem Weg zum Du kann die Onanie sein. Sie erschwert das Kennenlernen und die ersten Kontakte. Die Beziehungen zum anderen Geschlecht leiden unter dem Gehemmtsein des Partners, der sich im süchtigen Sinne selbstbefriedigt. Auch schon die sogenannte Ventilonanie, die über die Jahre der Pubertät hinweg ausgeübt wird, kann den harmonischen Austausch und das Sichnäherkommen der andersgeschlechtlichen Partner stören und belasten.

Onanie kann das Ergebnis einer seelischen Fehlhaltung sein, die auf Ursachen und Wirkungsfaktoren in den frühkindlichen Phasen zurückzuführen ist.

Es sind vor allem die Mangelempfindungen, zum Beispiel Mangel an Nestwärme, Mangel an Zuwendung, an Urvertrauen und Liebe. Spätere Ursachen sind in den besonderen Schwierigkeiten der Reifezeit und den Problemen, die am Arbeitsplatz und in der Schule entstehen, zu suchen.

Es sind vor allem Anpassungszwänge, die von der Gruppe ausgehen, aber auch die Angst vor dem Versagen, vor schlechten Leistungen und die Erfahrungen der Überforderung, der Isolierung und der ständigen Mißerfolge, die den jungen Menschen mutlos machen und ihn zur Lustbefriedigung im Sinne eines Ausgleichs treiben.

Eine große Rolle spielen auch die Minderwertigkeitsgefühle aufgrund eingebildeter und auch tatsächlicher Mängel und körperlicher Fehler.

Dieses und noch vieles andere mehr führen dazu, dem Triebdrang nachzugeben, um sich damit Ersatz für entgangene Bestätigung und Lustgewinn zu verschaffen.

Fehlhaltungen können aber abgeschwächt oder ganz beseitigt werden. Überdies verhilft der normale Reifungsprozeß zu einem ständig sich verstärkenden, in der Integration fortschreitenden Ich. Befreiende Gespräche, das Bekennen der Nöte und Schwierigkeiten, das gemeinsame Beten – und nicht zuletzt der Therapiefaktor Nr. 1, das Wort Gottes und die unerschöpflichen Hilfsquellen des Glaubenslebens in einer tragenden Gemeinschaft, helfen, aus dieser Misere herauszukommen.

Völlig falsch ist es allerdings, wenn der junge Mensch, der unter Triebschwierigkeiten und Kontaktstörungen gegenüber dem anderen Geschlecht leidet, sich abschließt, ja verschließt. Er muß im Bereich des Glaubens Menschen finden, die ihn nicht nur verstehen, sondern die ihn aufnehmen, ihm Freundschaft anbieten und Liebe schenken. Die Glaubensentscheidung, das Überwechseln in das Kraftfeld Jesu Christi, bewirkt Wunder. Damit fallen auch die Barrieren zum anderen Geschlecht.

Die schwierigste Hürde auf dem Weg zum Du

Die schwierigste Hürde, die es zu nehmen oder abzubauen gilt, ist das eigene Ich oder genauer gesagt, die Ich-Sucht. Schon die Ichbezogenheit ist ein Feind der Gemeinschaft und der ganzheitlichen Liebe. Der ichhafte Mensch kann nur infantil lieben. Zur reifen, ganzheitlichen Liebe ist er nicht fähig. Man unterscheidet bekanntlich die Ich-Es-Liebe des unreifen, ichhaften Menschen, der sein Gegenüber zum Objekt seiner Triebwünsche macht und nur seine eigene Befriedigung sucht, und die echte Ich-Du-Liebe, die wahrhaft persönliche und ganzheitliche Liebe. Die heute weithin akzeptierte Ichbezogenheit, die sich zur Ichsucht steigert, muß verwandelt werden in das Gegenteil, nämlich in die anhaltende Bereitschaft zur Hingabe. Echte Ich-Du-Liebe kann, wenn es sein muß, das eigene Leben hingeben, um dem anderen, dem Du, zu dienen und zum Leben zu verhelfen.

Auf dem Weg zum Du muß man frei werden von sich selbst, um frei zu werden für das Du.

Ich erinnere mich an ein faszinierendes Mädchen, in das nahezu alle Angestellten eines Betriebes verliebt waren. Zugegeben, man konnte ihr eine besondere Anmut nicht absprechen. Doch wem kann man dies? Aber nicht ihre äußere Schönheit, sondern ihr Wesen zog die Menschen um sie herum in ihren Bann. Sie konnte in einer so fröhlichen Art, die alle ansteckte, für jeden Menschen dasein. Sie munterte auf, versuchte auszugleichen, entschärfte Konflikte mit der Geschäftsleitung, setzte sich für die Schweigsamen und die Unbeliebten ein. Vor allem aber schien sie tatsächlich ganz von sich selbst los zu sein. Sie nahm nichts übel, ertrug die negativen

Übertragungen und verbreitete vor allem keinen Tratsch.

Alles in allem: ein sonniger Mensch voll Hingabe und Freude am Helfen. Wenn zu dieser idealistischen Basis nun noch der Glaubensbezug hinzugekommen wäre, sie wäre ein ausgezeichnetes Vorbild christlicher Lebenshaltung gewesen.

Das Überraschendste aber kam plötzlich. Als sie eines Tages verlobt zum Dienst kam, waren die vielen Verehrer wie geschockt. Sie fanden kaum Worte und zogen sich zurück. Sie aber blieb selbst nach der Heirat die gleiche, die für alle da war, in unveränderter Fröhlichkeit und Hingabebereitschaft.

In der Ich-Du-Beziehung geht es freilich noch um einiges mehr. Zur Hingabebereitschaft muß das Läuterungsstreben hinzukommen, das Streben, das geliebte Du nicht nur zu ergänzen, sondern es in seiner eigenen Bemühung um Reifung und Läuterung zu unterstützen.

Dem anderen Menschen auf dem Weg zur ganzheitlichen Reifung und zur Vollendung seines Wesens zu helfen ist nur dem möglich, der sich selbst in den gemeinsamen Prozeß der Wandlung hineinbegibt.

Ein Liebender, der um dieses Geheimnis und um die Aufgabe weiß und sich danach sehnt, schreibt dem geliebten Du:*

> „Die wahre Liebe weiß um echte Zucht,
> denn weil sie dient, den anderen zu vollenden,
> vermag die größten Opfer sie zu spenden,
> sich überwindend reicht sie schönste Frucht."

---

* Verse von Hans-Udo Eltgen.

Wodurch und wie kommt es zur echten Liebesbeziehung?

Die praktische Voraussetzung ist die, daß wir dem richtigen Menschen begegnen und daß wir ihn als das für uns einmalige, geliebte Du erkennen.

Verliebtsein ist nicht der richtige Prüfstein für eine ernsthafte Beziehung. Mag sein, daß es die stimulierende, motivierende Rolle spielt, das uns den Träumen entreißt und uns mit einem Schlag die ganze Welt verändert.

Wichtiger aber ist das Sehen und Prüfen mit dem Herzen. Beim Verliebtsein spielen die Vorgänge der Projektion, d. h. der Übertragung, mit. Es sind jene Idealvorstellungen und Wunschbilder, die wir auf den anderen übertragen und mit denen wir ihn verfremden, uns täuschen und selbst enttäuschen. Das Du ist immer auch anders, als wir es sehen und vor allem sehen wollen. Darin liegt eine große Chance für den Bestand der späteren Lebensgemeinschaft.

Bei der Begegnung mit einem Menschen, der uns anspricht und bei dem wir das bestimmte Etwas spüren, nämlich Zuneigung oder sogar Liebe, gilt es auch, liebevoll zu prüfen und wahrzunehmen, was wesenhaft ist. „Ungeprüft läßt sich kein Du begreifen."

Erstaunt sehen wir zum Beispiel, wie sich das geliebte Du um andere bemüht. Seine Höflichkeit älteren Menschen gegenüber, seine Ehrfurcht vor dem Leben in jeder Form oder seine Hingabefähigkeit rufen uns selbst heraus. Das Anpacken von Aufgaben, das Lösen von Problemen, die Beantwortung von Lebensfragen und besonders die Einstellung zum Glauben, das Verhältnis zu

Jesus – all das soll Gegenstand unseres Erkennens und Prüfens sein.

Selbstverständlich können auch Verhaltensweisen und Einstellungen, die typologisch interessant sind, Beachtung finden. Zum Beispiel können zwei Partner mit der gleichen introvertierten Einstellung, d. h. mit einer stark auf sich selbst bezogenen Verhaltensweise, zwar gut miteinander harmonieren, aber es fehlt eben doch der stimulierende Impuls des einen Partners zur Wendung nach außen. Das kann mit der Zeit zu einer „inneren Lähmung" führen. Schließlich sucht man sich den total anderen Menschen, der dann wie ein Befreier gefeiert wird.

Umgekehrt können zwei extravertierte, sehr wendige, aktive Menschen sich in endlosen Aktionen verlieren, weil keiner auszugleichen vermag und das meditative Element einbringen kann.

Das Erkennen und Erschließen des Wesens geschieht vor allem im offenen Gespräch, im gemeinsamen Gebet und im Anpacken von Aufgaben, wenn beide sich für eine gute Sache engagieren.

Jener junge Liebende hat diese Erfahrung in folgenden Versen festgehalten:

„Hast du gespürt,
was es verheißt: zu zweit?
Und bist du auch für diesen Weg bereit?
Wie tief hat deine Seele mich berührt!
Lang wußt ich nicht,
was mich denn so betraf;
verbrachte manche Stunde ohne Schlaf,
im Abgrund forschend, vor Gottes Angesicht.
Doch einmal brach der langverschloßne Riegel,
daß ich erschrak und zitterte vor dir,

weil ich mich sah in deinem zarten Spiegel;
oh, wehe, wehe, wahr bist du zu mir.
Die Hoffnung bleibt, du läutertest im Tiegel
mein hartes Wesen, daß es wüchs' zum WIR."

Bausteine für das gemeinsame Leben:

Der erste ist die Dankbarkeit

Liebende sollen die Begegnungen aus der Dankbarkeit heraus erleben und gestalten. „Saget Dank allezeit für alles!" (Eph. 5,20.) Dies bedeutet, niemals die Grundstimmung der Dankbarkeit verlieren oder durch Launen und Kleinglaube übertönen lassen! Alles ist Gnade! Wir sind immerfort Beschenkte, und deshalb wollen wir uns mit Dankbarkeit auch gegenseitig beschenken. Wir dürfen uns aus der Dankbarkeit heraus unmittelbar äußern und auch unmittelbar sein und wirken. Deshalb gilt es, die Schüchternheit und die Vergeßlichkeit zu überwinden und Dank auszusprechen.

„Nicht Gier ist's, was mein Herz dazu erregte;
denn dies erkannt ich, als ich lange schaute:
Die Dankbarkeit ist's, die mich bewegte,
weil uns die Gnade diesen Saal erbaute!
Wir laden bald die Blinden und die Armen
und schenken ihnen Gottes lind Erbarmen!"

Der zweite ist die Ehrfurcht

„Einer achte den andern höher als sich selbst..." Dieser Grundpfeiler einer echten Gemeinschaft gilt besonders für die sich anbahnende Beziehung der Liebe. Wer den anderen höher achtet, läßt sein Ich zurücktreten, stellt es hintenan. Ehrfurcht setzt das Staunen voraus; nicht nur das Staunen über das Geheimnis der Liebe, sondern auch vor dem Anderssein des geliebten Du. Ehrfurcht vor dem Anderssein heißt, den anderen akzeptieren, ihn so lieben, wie er ist. Wer sein Gegenüber zu Zwecken der Icherweiterung mißbrauchen will, zerstört sein Glück.

> „Verstärktes Leben ist der Liebe Güte,
> weil zu uns drängt des anderen Lebens Strom
> und wir – erweitert – türmen einen Dom,
> Erkennen führend zu der Ehrfurcht Blüte."

Der dritte ist die Hingabe

Was wir als Opfer dem geliebten Du und der Gemeinschaft zu bringen haben, ist das Geheimnis eines jeden einzelnen. Auch hier gilt das Wort Jesu: „Wer sein Leben verliert, der wird es finden..." Dies soll unsere Bereitschaft zur Hingabe motivieren und bestimmen. Der Hinweis: „Jeder sehe auf das, was des anderen ist..." darf gewiß verändert werden in „...was der andere nötig hat...", und dies stellt wiederum einen Baustein für den Aufbau einer harmonischen Gemeinschaft dar.

> „Was wäre Liebe, wenn nur Selbstvergnügen
> sie mit sich brächte? Alles wäre ICH;

> Und wo erlebten wir den andern, sprich?
> Wer so nur liebt, den muß ich bitter rügen."

Der vierte ist die gemeinsame Aufgabe

Nicht nur die Hingabe des einen Liebenden an den anderen gehört zur Grundvoraussetzung einer Liebesbeziehung, sondern das gemeinsame Anpacken von Aufgaben und das Opfer, das wir anderen Menschen um uns herum zu bringen bereit sind. Die Ich-Du-Liebe darf vervielfältigt werden. Sie soll nach außen dringen. Warum sollen oder können Liebende nicht gemeinsam eine Jungschar oder eine Kindergruppe leiten! Warum nicht einen Kreis für junge suchende Menschen gründen und versorgen oder sich um notleidende, hilfesuchende Menschen kümmern?

> „Heut frag ich dich: Bist du noch nah,
> wenn ich zu meinen Zielen stürme
> und Last auf Last auf meine Schultern türme?
> Und das gestalte, was mir Gott ersah?"

Der fünfte ist die Verantwortungsbereitschaft

Liebende wirken freilich nicht nur nach außen. Sie müssen darauf bedacht sein, daß sie sich gegenseitig fördern, sich in tragender Liebe und liebender Geduld anspornen und beistehen. „Einer trage des anderen Last…!" (Gal. 6,2.) Wir können in Abwandlung dieses Bibelworts auch sagen: Einer trage Verantwortung für den anderen! Dies bedeutet, im Interesse des anderen denken und handeln, vor allem aber um seine seelische und körperliche Gesundheit, seine Entfaltung und sein Glaubenswachstum besorgt sein. So kann jede aufkommende Krise im Keim erstickt werden.

Verantwortung heißt aber auch Antwort geben auf die Fragen des Du, die uns zur Stellungnahme herausfordern und unsere persönliche Freiheit zugunsten der Gemeinschaft beschränken.

> „Erst mußt du wissen des Entschlusses Schwere,
> in deiner Freiheit selbst dich zu beschränken,
> damit Gemeinsamkeit dich nicht verzehre
> und du ernüchtert wüßtest nur zu kränken.
> Hast du erkämpft der wahren Freundschaft Lehre,
> darfst du dein Herz am Quell der Liebe tränken."

Der sechste ist die Demut

[handschriftlich: Demut = Dienen statt herrschen]

„Durch Demut achte einer den andern höher als sich selbst." Ohne Demut, das übersetzt werden kann mit „Mut zum Dienen", und ohne Ehrfurcht ist Entfaltung des Lebens und Wandlung des Wesens nicht möglich. Das Gegenteil zur Demut ist die Herrschsucht, der ungebrochene Wille zum Durchsetzen seiner Interessen und Belange, der Wille zur Macht, der das Leben zerstört. Ein ganz wichtiges Grundprinzip der Gemeinschaft zweier sich Liebenden muß deshalb lauten: Dienen statt herrschen! Wer vom Machttrieb erlöst ist, hat den anderen zum Freund und verhilft ihm zum Leben.

> „Doch du erfülle, schwebend dich zu schmiegen
> an seiner Helle oft so hartes Sinnen,

> um ihn in Güte lindernd zu besiegen,
> um ihn der Tiefe klärend zu gewinnen,
> um ihn nach Stürmen sorgend einzuwiegen,
> daß ihr euch eint zu einem großen Innen."

Der siebte ist die Vergebungsbereitschaft

„Liebende leben von der Vergebung" (M. Hausmann). Diese Erfahrung wird leider nur wenig erprobt. Es sind unser Stolz und Eigensinn, die uns hindern, diesen Höhepunkt im gemeinsamen Leben immer wieder zu erleben. Die Bereitschaft zum Vergeben geht hervor aus einem tiefen Selbsterkennen der eigenen Schuldverhaftung und der Sündenerkenntnis. Sie wird aber auch motiviert durch die Erfahrung der vergebenden Gnade Gottes im eigenen Leben. Sündenerkenntnis führt zu Reue und zum Bekennen der Schuld vor dem anderen und vor Gott. Solche Höhepunkte dürfen in der Ehe nicht fehlen. Sie beschenken beide Partner mit neuen Möglichkeiten des schöpferischen Lebens.

> „Das Schwerste aber muß zuletzt ich fragen,
> und zagend nur vermag ich es zu schreiben,
> doch ist es da, womit wir's beide wagen:
> Sind meine Fehler so, daß sie vertreiben
> das Letzte, Große? Oder kannst du's wagen,
> auf sie hin doch Gefährtin mir zu bleiben?"

Der achte ist die Gemeinschaft mit Christus

Liebende brauchen eine Mitte in ihrer Lebensgemeinschaft. Diese Mitte muß eine Größe darstellen, die sie nicht selbst sind. Die Mitte „Jesus Christus" sprengt die menschliche Dimension und ist doch in der kleinen Gemeinschaft konkret erfahrbar: „Wo zwei oder drei versammelt sind in meinem Namen, da bin ich mitten unter ihnen." (Matth. 18,20.)

Dies bedeutet, Gegründetsein in Jesu Wesen und völliges Bezogensein auf ihn in allen Dingen. In der Gemeinschaft, in der Christus die Mitte ist, verwirklicht sich die Gemeinschaft mit Gott, und in ihr werden wir geformt und zubereitet für den Dienst am Reich Gottes.

> „Das Tor ist aufgetan zu einem weiten Saale,
> in dem die Leuchter prunken an den Wänden.
> Komm, laß dich fassen an den lieben Händen
> und geh mit mir zum reich bestellten Mahle."

Der neunte ist das Gebet

Die beste Form der Kommunikation, die Krönung des innigen Miteinanderseins, ist das Gebet. Das liebende Denken, Sehnen und Sinnen soll zum Gebet füreinander und miteinander werden. Im gemeinsamen Beten empfangen Liebende die Ausrichtung auf den Willen Gottes. Sie erhalten Kraft, Befähigung und Bestätigung. Das gemeinsame Gebet dient der Aktualisierung, der Hingabe an die „gemeinsame Mitte", an Jesus Christus und den Dienst in seinem Namen. In der Anbetung liegen Schätze verborgen, und in der Fürbitte wachsen Liebende über sich hinaus.

„In vielen Fragen ist das Sein verdichtet,
in das sich drängt dein lang gereiftes Denken,
willst du im Bitten fragend dich verschenken
an den, dem du dein Leben tief verpflichtet."

Der zehnte ist die Bereitschaft zum Leiden

Wir sind nicht dazu da, das Leben zu genießen. Deshalb kann Glück auch nicht das Letzte sein, was wir erstreben. Eine Kerze ist da, um sich leuchtend zu verzehren. Wir können für die Gemeinschaft der Liebenden auch das Symbol der alten Öllampe wählen. Öl kann nachgefüllt werden. Um leuchten zu können, muß man zuerst brennen. „Zuerst brennen, dann leuchten", das war der Wahlspruch des Bernhard von Clairvaux. Brennen bedeutet, durch das Schmelzfeuer des Leidens zu gehen, um gereinigt zu werden. Erst dann können wir hell leuchten. Diese Läuterung braucht die Gemeinschaft der Liebe und jeder der Liebenden selbst. Das Leid der Leidenden gemeinsam tragen und ertragend sich in Geduld zu üben, das vertieft das Leben und die Beziehung zueinander. Für Liebende, die leiden, gilt das Wort besonders: „In allem aber überwinden wir weit um deswillen, der uns geliebt hat!" (Röm. 8,37.)

Dazu die letzten Verse des jungen Liebenden:

„Wenn Säer Gott aufreißt mit dunklen Pflügen
euch Seelen mit dem liebenden Gebaren,
um euch verfrühte Früchte zu ersparen,
damit ihr lernt, in tiefen Herzenskrügen

Leid sammelnd, euch ins Erdenlos zu fügen
und schaffend die Berufung euch zu wahren,
die erst gewährt, den anderen zu erfahren,
könnt ihr euch dann erwägend noch genügen?

Zu tief verworren ist, was ihr jetzt blüht,
als daß es ohne Nöte dürfte reifen
und ohne daß ihr herb euch darum müht.
Denn ungeprüft läßt sich kein Du begreifen,
wo noch der Trieb nicht zehrend ausgeglüht,
der überwunden schenkt, Ich abzustreifen."

Weitere Bücher von Walter Wanner:

Das Leben meistern
120 Seiten. ABCteam 205. Paperback
Wie finde ich zu mir selbst? – Wie finde ich den Partner? –
Wie finde ich das Glück? – Wie finde ich den Sinn des Lebens? –
Wie finde ich Gott?

Wer bin ich – wer bist Du?
Handbuch Jugendpsychologie
224 Seiten. ABCteam-Taschenbuch 3102. Kartoniert

Signale aus der Tiefe
Tiefenpsychologie und Glaube –
Einführung und Auseinandersetzung
224 Seiten. ABCteam 82. Paperback

Werkbuch Gleichnisse
Praktische Bibelarbeit illustriert
mit 16 ausführlichen Entwürfen
120 Seiten. ABCteam 814. Paperback

Jugend aktiv
Handbuch für missionarisch-dynamische Jugendarbeit
Berichte – Entwürfe – Impulse – Modelle
160 Seiten. ABCteam 805. Paperback

Sturz ins Leben
Vorlesebuch für Gruppenarbeit und Unterricht
160 Seiten. ABCteam 802. Paperback

Hassan spielt den Zachäus
und 14 andere spannende Szenen zum
Spielen und Lesen
136 Seiten. ABCteam 812. Paperback

Mitten im Leben ist Er da
Erfahrungen mit Christus
96 Seiten. Brunnen-Taschenbuch 84. Kartoniert

BRUNNEN VERLAG · GIESSEN/BASEL